# DARDA

## TRAGÉ

RE P R É S E N T É E

*POUR LA PREMIERE FOIS,*

PAR L'ACADEMIE-ROYALE

DE MUSIQUE,

Le Jeudi 19 Novembre 1739,

Reprife le Mardi 21 Avril 1744,

Et le Mardi 15 Avril 1760.

*Et remife au Théâtre le Mardi 26 Janvier 1768.*

### PRIX XXX. SOLS.

*AUX DÉPENS DE L'ACADÉMIE.*

A PARIS, Chés DE LORMEL, Imprimeur de ladite Académie, rue du Foin, à l'Image Sainte Genevieve.

*On trouvera des Exemplaires du Poeme à la Salle de l'Opera.*

M. DCC. LXVIII.

*AVEC APPROBATION ET PRIVILEGE DU ROI.*

Le Poeme eſt de *LA BRUERE.*

La Muſique eſt de *RAMEAU.*

*Dardanus, Iliacæ primus Pater Urbis & Auctor,*
*Electrâ ut Graii perhibent, Atlantide cretus,*
*Advehitur Teucros.* Æneïd. lib. VIII.

DARDANUS, fils de Jupiter & d'Électre, vint s'établir en Phrigie, & y bâtit la ville de Troie, de concert avec Teucer, dont il épouſa la fille.

# ACTEURS CHANTANTS
## DANS LES CHŒURS.

CÔTÉ DU ROI.

*Mesdemoiselles.* *Messieurs.*

| | |
|---|---|
| Durand. | Albert. |
| La Croix. | Tourcati. |
| Delor. | L'Ecuyer. |
| Guillaume. | Paris. |
| Delaiſtre. | Touvois. |
| Beauvais. | Vivier. |
| Fontenet. | Roſe. |
| Héri. | Robin. |
| St. Leger. | Antheaume. |
| Lemaire. | Méon. |
| | Botſon. |
| Beauſſe. | Cleret. |
| Richard. | Le Brument. |
| des Angles. | Beghain. |

CÔTÉ DE LA REINE.

*Mesdemoiselles.* *Messieurs.*

| | |
|---|---|
| Dagée. | Vaudemont. |
| Duprat. | Cailteau. |
| Lebourgeois. | Héri. |
| Jouette. | Vatelin. |
| Chenais. | Vanheke. |
| Legrand. | Candeille. |
| Adélaïde. | Tacuſſet. |
| Hebert. | Boi. |
| Desroſieres. | Laurent. |
| Dalincour. | Dupar. |
| de Luſignan. | Huet. |
| Ferriere. | Galli. |
| Fauſſard. | Narbonne. |
| Thevenon. | Capois. |
| Leger. | |

✳✳✳✳✳✳✳✳✳✳✳✳✳✳✳✳✳✳✳

## ACTEURS CHANTANTS.

IPHISE, *fille de* TEUCER,   M<sup>lle</sup>. Arnould.

DARDANUS, *fils de Jupiter*
  *& d'Electre,*   M. le Gros.

ANTÉNOR, *Prince voisin de*
  TEUCER,   M. Gélin.

TEUCER, *Roi de Phrigie,*   M. l'Arrivée.

ISMÉNOR, *Magicien, & Prêtre*
  *de Jupiter,*   M. l'Arrivée.

ARCAS,   M. Muguet.

UNE PHRIGIENNE,   M<sup>lle</sup>. du Plant.

VÉNUS,   M<sup>lle</sup>. du Plant.

L'AMOUR,   M<sup>lle</sup>. Rosalie.

*La Scêne est en Phrigie.*

# PERSONNAGES DANSANTS.

## ACTE PREMIER.
### *GUERRIERS.*
M. GARDEL.

M<sup>rs</sup>. ROGIER, LEGER.

M. MALTER.

M<sup>rs</sup>. Trupti, Riviere, Gardel, c., Defpreaux,
Lani, c., Lieffe, Aubri, Pierfon.

### *PHRIGIENNES.*
M<sup>de</sup>. PITROT.

M<sup>lle</sup>. MION.

M<sup>lles</sup>. de Miré, Gaudot, Grandi, Delfevre, Niel,
Patras, Mimi, l'Huillier.

## ACTE SECOND.
### *MAGICIENS.*
M. LAVAL.

M<sup>rs</sup>. ROGIER, LEGER.

M<sup>rs</sup>. Trupti, Lani, c., Gardel, c., Defpreaux,
Granier, Giguet, Doffion, Lieffe, Aubri, Pierfon,
Cafter, Gallet.

## ACTE TROISIEME.
### *PRHIGIENS & PHRIGIENNES.*
M<sup>lle</sup>. ALLARD.

M. DAUBERVAL, M<sup>lle</sup>. PESLIN.

M<sup>lle</sup>. DU PEREI.

M<sup>rs</sup>. du Bois, Doffion, Giguet, Cafter, Gallet,
Gambu, le Brun, la Rue.

M<sup>lles</sup>. de Miré, Gaudot, Grandi, Delfevre, Niel,
Patras, Mimi, l'Huillier.

# ACTE QUATRIEME.

## *ESPRITS AÉRIENS.*

### M. VESTRIS, M^le. GUIMARD.

M^rs. du Bois, Doffion, Giguet, Cafter, Gallet, Gambu, le Brun, la Rue.

M^lles. Adélaïde, la Fond, Audinot, le Roi, Riviere, Hidoux, de Fontebles, de l'Aunai, c.

# ACTE CINQUIEME.

## *JEUX & PLAISIRS.*

### M. VESTRIS.

### M. GARDEL, M^lle. GUIMARD.

M^rs. Trupti, Lani, c., Aubri, Pierfon, le Grand, Beaulieu, Allix, Cezar.

M^lles. Larie, de Bagé, Dorfan, Guilleftin, Lavau, Chantrie, s. Aubin, de l'Aunai, l.

## *PHRIGIENS & PHRIGIENNES.*

### M. LANI, M^lle. ALLARD.

### M. DAUBERVAL, M^le. PESLIN.

M^rs. du Bois, Doffion, Giguet, Cafter.

M^lles. Gaudot, Grandi, Niel, Patras.

# DARDANUS,
## TRAGÉDIE.

# ACTE PREMIER.

*Le Théâtre représente un lieu rempli de mausolées, élevés à la gloire des plus fameux guerriers qui ont péri dans la guerre que les* PHRIGIENS *font à* DARDANUS.

## SCENE PREMIERE.
### IPHISE, *seule.*

CÈSSE, cruël Amour, de regner sur mon âme,
Ou choisis d'autres traits pour te rendre vainqueur.

Où m'entraîne une aveugle ardeur ?
Un ennemi fatal est l'objet de ma flâme ;
Dardanus a soûmis mon cœur !

Cèsse , cruël Amour , &c.

Mânes infortunés ! que sur la sombre rive
Précipita son bras victorïeux ,
Rappellés dans mon cœur la raison fugitive :
Du fond de ces tombeaux , que votre voix plaintive
S'éleve , & condamne mes feux !

Hélas ! votre ennemi remporte la victoire :
Vous irrités ma flâme , & n'offrés à mes yeux
Que le spectacle de sa gloire.

# SCÈNE II.

IPHISE, TEUCER, Guerriers *de sa Suite.*

## *TEUCER.*

MA fille, enfin le Ciel seconde mon couroux:
Anténor, en ce jour, vient servir ma vengeance;
C'en est fait, Dardanus va tomber sous nos coups:
L'éclat de nos exploits rejaillira sur vous.

Mon

Mon vaillant défenseur ne veut, pour récompense,
Que le titre de votre époux.

*I P H I S E*, *à part.*

Je frémis !

*T E U C E R.*

Le Prince s'avance.

# SCÊNE III.

IPHISE, TEUCER, ANTÉNOR, ARCAS,
*P E U P L E S & G U E R R I E R S.*

*A N T É N O R.*

PRincesse, après l'espoir dont j'ôse me flater,
Je réponds des exploits que je vais entreprendre :
Je combattrai pour vous défendre
Et pour vous mériter.

*I P H I S E.*

D'un héros, tel que vous, nous devons tout attendre :
Mais... Dardanus est fils du Souverain des Cieux ;
Ce dieu semble veiller au succès de ses armes.

B

*ANTÉNOR.*

S'il eſt protégé par les dieux,
Je ſuis animé par vos charmes.

*TEUCER*, à *ANTÉNOR.*

Par des nœuds ſolemnels,
Rendons notre unïon plus ſainte & plus certaine.
Pour recevoir nos ſerments mutuëls,
Que ces tombeaux ſervent d'autels :
Ils ſont plus ſacrés pour ma haîne,
Que les temples des Immortels.

*TEUCER & ANTÉNOR.*

Mânes plaintifs ! triſtes victimes !
Nous jurons d'immoler votre fatal vainqueur.
Dieux ! qui nous écoutés, qui puniſſés les crimes,
C'eſt vous qu'atteſte ici notre juſte fureur.
Grands Dieux ! de mille maux accâblés le cou-
pable
Qui trahira ſes ſerments ;
Et dans ſon cœur, pour comble de tourments,
Faites tonner la voix impitoyable
Des remords dévorants.

Par des Jeux éclatants, conſacrés la mémoire
Du jour qui voit former ces nœuds :

Peuples, chantés le jour heureux
Qui va réparer votre gloire.

### LE CHŒUR.

Par des jeux éclatants, confacrons la mémoire
Du jour qui voit former ces nœuds:
Chantons le jour heureux
Qui va réparer notre gloire.

(*On danfe.*)

### UNE PHRIGIENNE, à ANTÉNOR.

Allés, jeune guerrier, courés à la victoire;
Le prix le plus charmant vous attend au retour.
Que votre fort eft doux! vous volés à la gloire,
Sur les ailes du tendre Amour.

(*On danfe.*)

### TEUCER, ANTÉNOR, ARCAS & UNE PHRIGIENNE.

Il eft tems de courir aux armes,
Hâtés-vous, généreux guerriers;
Allés, au milieu des allarmes,
Cueillir les plus brillants lauriers.

### LE CHŒUR.

Allons, au milieu des allarmes,

B ij

Cueillir les plus brillants lauriers :
Il eſt tems de courir aux armes.

## SCÈNE IV.

### IPHISE, ſeule.

JE cede au trouble affreux qui dévore mon cœur.
De mes ſens égarés puis-je guérir l'erreur ?
Conſultons Iſménor : ce mortel reſpectable
Perce de l'avenir les nüages épais.
Heureuſe ! s'il pouvoit, par ſon art ſecourable,
Rappeller dans mon cœur l'innocence & la paix.

### FIN DU PREMIER ACTE.

# ACTE SECOND.

*Le Théâtre repréfente une Solitude environnée
de rochers & de torrents.*

## SCÈNE PREMIERE.

### ISMÉNOR, *feul.*

TOUT l'avenir eft préfent à mes yeux.
 Une fuprême intelligence
Me foûmet les Enfers, & la Terre, & les Cieux :
L'Univers, étonné, fe taît en ma préfence :
  Mon art m'égale aux dieux.
  Cet art mifterïeux
Eft un rayon de leur toute-puiffance.

Onvient... c'eft Dardanus.

## SCÈNE II.

### ISMÉNOR, DARDANUS.

#### ISMÉNOR.

Est-ce vous que je vois !
Dans ces lieux ennemis quel deſſein vous amene ?
Du barbare Teucer tout ſuit ici les loix :
Fuyés. Pourquoi chercher une perte certaine ?

#### DARDANUS.

Non, vos conſeils ſont vains :
Un intérêt trop cher auprès de vous m'entraîne.
Mon repos, mon bonheur, ma vie eſt dans vos
mains.

#### ISMÉNOR.

Vous trouverés en moi l'ami le plus fidele.

Dans les horreurs d'une guerre cruëlle,
Vous avés reſpecté ce tranquille ſéjour ;
Aſile heureux ! qu'a conſacré mon zele
Au Dieu puiſſant dont vous tenés le jour.

A remplir vos vœux tout m'engage ;
Le ſang dont vous ſortés, l'éclat de vos travaux.

C'eſt au Dieu que je ſers offrir un double hommage
Que ſecourir ſon fils , & ſervir un héros.

### D A R D A N U S.

Un malheureux amour me trouble & me dévore :
La fille de Teucer eſt l'objet que j'adore.

### I S M É N O R.

O Ciel ! dans quelle chaîne êtes-vous arrêté ?

### D A R D A N U S.

Vous la vîtes ſoûmiſe au pouvoir de mes armes ;
Je lui rendis la liberté :
Je me fis un devoir de calmer ſes allarmes ;
Je cachai les tranſports dont j'étois agité.

D'un amant emprèſſé lui parler le langage ,
C'étoit me prévaloir du tître de vainqueur ;
Et je ne veux, pour obtenir ſon cœur,
Employer d'autre avantage
Que l'excès de mon ardeur.

### I S M É N O R.

Iphiſe doit venir dans ce ſéjour ſauvage.

### D A R D A N U S.

Je l'ai ſu ; j'ai volé, j'ai devancé ſes pas.
Souffrés-moi dans ces lieux ; j'y verrai ſes appas.

C'eſt un charme ſuprême,
Qui ſuſpendra mon tourment.
Eh ! quel bien vaut, pour un amant,
Le plaiſir de voir ce qu'il aime ?

### I S M É N O R.

Prince, étouffés plûtôt d'inutiles deſirs.
Quand Iphiſe à vos feux pourroit être ſenſible,
Vous connoîſſés Teucer & ſa haîne infléxible ;
Croyés-vous qu'il voulût couronner vos ſoûpirs.

### D A R D A N U S.

Si je croyois qu'Iphiſe approuvât ma tendreſſe,
Abandonnant mes drois , tout vainqueur que je
ſuis,
De Teucer aiſément j'obtiendrois ma princeſſe ;
Et l'himen, couronnant le beau feu qui me prèſſe,
Deviendroit de la paix & le gage, & le prix.

### I S M É N O R.

C'en eſt fait, l'amitié m'entraîne ;
Je cede à vos vœux emprèſſés :
Mais de vos ennemis il faut tromper la haîne.

Entendés ma voix ſouveraine,
Miniſtres de mon art , hâtés-vous , paroîſſés.

SCÊNE

## SCÈNE III.

ISMÉNOR, DARDANUS,
CHŒUR de MAGICIENS.

### ISMÉNOR.

HAtés-vous ; commençons nos terribles mifte-
res ;
Et que nos magiques concerts,
Du fein de ces lieux folitaires,
Retentiffent jufqu'aux Enfers.

### LE CHŒUR.

Hâtons-nous ; commençons, &c.

( On danfe. )

### ISMÉNOR.

Sufpends ta brillante carrière,
Soleil ! cache à nos yeux tes feux étincelants :
Qu'à l'Univers, troublé par nos enchantements,
L'Aftre feul de la nuit difpenfe la lumière.

( On danfe. )
( Le théâtre s'obfcurcit. )

C

*I S M É N O R.*

Nos cris ont pénétré juſqu'au ſombre ſéjour.
Pour nous mieux obéir, les Déités cruëlles
Cèſſent de tourmenter les ombres criminelles :
Je les vois, à nos vœux être à regret fideles,
　　Et frémir de ſervir l'Amour.

C'en eſt fait ; le ſuccès pâſſe mon eſperance.

　　( *Il donne à* D A R D A N U S *ſa baguette de*

　　　　*magicien.* )

　　Prenés ce don miſterieux :
Vous allés, ſous mes traits, abuſer tous les yeux.
　　Mais le deſtin a borné ma puiſſance :
Si vous l'ôſés quitter, n'eſpérés plus en moi :
　　Le charme cèſſe, & le péril commence :
　　Telle eſt du fort l'irrévocable loi.

　　　*L E*   C H Œ U R.

　　Obéis aux loix des Enfers,
　　　Ou ta perte eſt certaine :
Songe que ſous les fleurs, où le plaiſir t'entraîne,
　　Des gouffies profonds ſont ouverts.

ISMÉNOR.

Quelqu'un vient. Il eſt tems qu'en ces lieux je vous
laîſſe.

Sur-tout contraignés-vous en voyant la princeſſe.

✢✢✢✢✢✢✢✢✢✢✢✢✢✢✢✢✢✢✢✢✢✢✢✢✢✢✢✢

# SCÈNE IV.

ANTÉNOR, DARDANUS,
*ſous les traits d'*ISMÉNOR.

### ANTÉNOR.

JE viens vous confïer le trouble de mon cœur.
Peut-être je devrois rougir de ma foibleſſe :
Mais je ſuis entraîné par un charme vainqueur.
J'aime Iphiſe : à mes feux ſon pere eſt favorable ;
      Bientôt je ſerai ſon époux.

DARDANUS, *ſous les traits d'*ISMÉNOR.
   ( à ANTÉNOR. )                    ( à part. )
L'hïmen doit vous unir !... O ſort impitoyable !

### ANTÉNOR.

Pour obtenir du Roi l'aveu d'un bien ſi doux,
Je viens de m'engager à ſervir ſon courroux
      Contre l'ennemi qui l'accâble :

J'efpere voir bientôt ce guerrier redoutable
Périr , & tomber fous mes coups.

**DARDANUS**, *fous les traits d'*ISMÉNOR.

( *à part.* )

J'ai peine à retenir les tranfports qu'il m'infpire.
( *à* ANTÉNOR , *d'un air animé.* )
Le fort que je puis vous prédire …

**ANTÉNOR.**

Je ne veux point prévoir le fuccès qui m'attend ;
Ce n'eft pas ce defir qui près de vous me guide :
Un efprit curïeux marque une âme timide ;
Et j'apprendrai mon fort en combattant.

Si je fuis allarmé , ce n'eft que pour ma flâme.
La princeffe a paru peu fenfible à mes feux ;
Par votre art aifément vous lirés dans fon âme :
Serois-je traverfé par un rival heureux ?

**DARDANUS** , *fous les traits d'*ISMÉNOR.

Elle aime ! à qui fon cœur cede-t-il la victoire ?
Sur quoi fondés-vous ces foupçons ?

**ANTÉNOR.**

Je le crains affés pour le croire :
L'amour, pour s'allarmer , manque-t-il de raifons ?

DARDANUS, *fous les traits d'*ISMÉNOR.

Je veux obferver tout avec un foin extrême.
Si vos feux font troublés par un heureux rival,
Croyés qu'à pénétrer ce miftere fatal
Je prends un interêt auffi grand que vous-même.

### A N T É N O R.

Iphife vient ; je fuis : j'ai pris foin de cacher
Qu'en ces lieux écartés je venois vous chercher.

# S C É N E  V.

### I P H I S E, D A R D A N U S,
*fous les traits d'*ISMÉNOR.

DARDANUS, *fous les traits d'*ISMÉNOR.
( *à part.* )

JE la vois : quels tranfports ont pâffé dans mon
　　âme !
Contraignons, s'il fe peut, mes regards amoureux :
Malgré l'enchantement qui me cache à fes yeux,
　　Ils trahiroient le fecret de ma flâme !
　　( *à* IPHISE. )
Princeffe, quel deffein vous conduit dans ces lieux ?

*I P H I S E.*

Hélas !

*DARDANUS, fous les traits d'*Isménor.

Vous foûpirés ?

*I P H I S E.*

Que viens-je vous apprendre !
Ah, fi je vous ouvre mon cœur,
Vous me verrés avec horreur ;
Et vous frémirés de m'entendre !

*DARDANUS, fous les traits d'*Isménor.

Où tend de ce difcours le fens mifterïeux ?

*I P H I S E.*

Il faut donc révéler ce fecret odïeux !

Par l'effort de votre art terrible,
Vous ouvrés les tombeaux, vous armés les Enfers ;
Vous pouvés, d'un feul mot, ébranler l'Univers :
A cet art, fi puiffant, n'eft-il rien d'impoffible ?
Et... s'il étoit un cœur... trop foible... trop fen-
            fible...
Dans de funeftes nœuds... malgré lui, retenu...
Pourriés-vous ?...

*DARDANUS*, *fous les traits* d'*ISMÉNOR*.

Vous aimés ? O Ciel ! qu'ai-je entendu ?

#### I P H I S E.

Si vous êtes furpris, en apprenant ma flâme,
De quelle horreur ferés-vous prévenu,
Quand vous faurés l'objet qui regne fur mon âme !

*DARDANUS*, *fous les traits* d'*ISMÉNOR*.

( *à part*. )　　　　　( *à* IPHISE. )

Je tremble !... je frémis !... Quel eft votre vainqueur ?

#### I P H I S E.

Le croirés-vous ?.. Ce guerrier redoutable
Ce héros, qu'à-jamais la haîne impitoyable
Devoit éloigner de mon cœur...

*DARDANUS*, *fous les traits* d'*ISMÉNOR*.

Achevés.... Dardanus ?...

#### I P H I S E.
Lui-même.

D'un penchant fi fatal rien n'a pu me guérir.
Jugés à quel excès je l'aime,
En voyant à quel point je devrois le haïr.

Arrachés de mon cœur un trait qui le déchire :
Je fens que ma foibleffe augmente chaque jour.

De ma foible raifon rétabliffés l'empire ;
Et rendés-lui fes droits, ufurpés par l'Amour.

*DARDANUS, fous les traits d'Isménor.*

Dieux ! qu'exigés-vous de mon zele !
Ah ! fi de votre cœur je pouvois difpôfer,
J'attefte de l'Amour la puiffance immortelle,
Je voudrois refferrer une chaîne fi belle,
     Loin de fonger à la brîfer.

*I P H I S E.*

O Ciel !

*DARDANUS, fous les traits d'Isménor.*

Quand l'Amour parle, écoutés-vous encore
D'un aveugle couroux le cruël mouvement ?
En faveur de l'Amour, faites grâce à l'amant.
Vous voulés le hair, ingrate ! il vous adore.

*I P H I S E.*

Qu'entends-je ?

*DARDANUS, fous les traits d'Isménor.*

Oui, vous régnés fur fon cœur.
Que ne puis-je exprimer tout l'amour qui l'anime !
Loin de vous reprocher l'excès de votre ardeur,
D'aimer fi foiblement vous vous feriés un crime.

IPHISE.

### I P H I S E.

Quels funeftes confeils ôfés-vous m'adreffer !
   Voulés-vous , miniftre infidele ,
Envenimer le trait que je veux repouffer ?
   Fuyons.

*DARDANUS , fous les traits d'Isménor.*

   Où courés-vous, cruëlle ?
Ah ! connoîffés du-moins celui que vous fuyés.
   Arrêtés ; voyés à vos piés . . .
   *( Il jette la baguette enchantée , & reparoît fous*
    *fes traits. )*

### I P H I S E.

Que vois-je ? Dardanus !

### D A R D A N U S.
           Vous fuyés , inhumaine !
Et la voix d'un amant ne peut vous arrêter !

### I P H I S E.
C'eft un crime pour moi que de vous écouter.

### D A R D A N U S.
Quel mélange fatal de tendreffe & de haîne !

### I P H I S E.
Quelle haîne , grands Dieux !

                  D

### D A R D A N U S.

Vous voulés me quitter!
Croirai-je que l'Amour ait pu toucher votre âme?

### I P H I S E.

Vous triomphés envain d'avoir connu ma flâme:
C'eſt un motif de plus pour la domter.

### D A R D A N U S.

Arrêtés!...

❦❦❦❦❦❦❦❦❦❦❦❦❦❦❦❦❦❦❦❦❦❦❦❦❦❦❦❦❦

# SCÈNE VI.

### D A R D A N U S, ſeul.

ELle fuit: mais j'ai vu ſa tendreſſe;
Mon ſort a trop d'appas!

Quittons ces lieux, l'Amour n'y retient plus mes
pas;
Et le péril renaît, lorſque le charme cèſſe.

Mais, duſſé-je périr, j'ai connu ſa tendreſſe;
Mon ſort a trop d'appas!

### FIN DU SECOND ACTE.

# ACTE TROISIEME.

*Le Théâtre repréfente une partie antérieure du Palais*
*de TEUCER.*

## SCÈNE PREMIERE.

### ANTÉNOR, ARCAS.

*(ARCAS n'entre que fur la fin du morceau d'ANTÉNOR.)*

#### ANTÉNOR.

A Mour! cruël auteur du feu qui me dévore,
Quels traits envenimés lances-tu dans mon cœur ?

Dardanus eft captif ; mais au fein du malheur,
De ma flâme il trïomphe encore !

D ij

Iphife, qui l'adore,
N'a pu cacher fes feux, trahis par fa douleur ;
Et j'ai furpris ce fecret, que j'abhorre.

Amour ! cruël auteur du feu qui me dévore,
Quels traits envenimés lances-tu dans mon cœur !

### ARCAS.

Le Roi refufe en vain d'ordonner fon fuplice ;
Vous ferés délivré d'un rival odieux :
Animés par mes foins, mille féditïeux
Viendront demander qu'il périffe.

Mais déjà leurs clameurs font retentir les airs.

# SCÈNE II.

ANTÉNOR, ARCAS, Chœur de Peuples
& de Guerriers.

(*Une troupe de féditieux accourt en tumulte aux portes
du palais : Anténor & Arcas reftent pour obferver
quel fera le fuccès de la fédition.*)

### LE CHŒUR.

D Ardanus gémit dans nos fers ;
Qu'il périffe, qu'on l'immole !
Que la vengeance nous confole
Des maux que nous avons foufferts !

# SCÈNE III.

TEUCER, *sortant vivement de son palais*,
ANTÉNOR, ARCAS, CHŒUR de PEUPLES
& de GUERRIERS.

### TEUCER.

OÙ courés-vous ? arrêtés , téméraires !

### LE CHŒUR.

Livrés - nous Dardanus ; vous devés nous venger :
Dans les flots de son sang laissés-nous nous plonger.

### TEUCER.

Si c'est un bien si doux pour vos cœurs sangui-
  naires,
Que ne l'immoliés-vous au milieu des combats ?
Quand la gloire servoit de voile à la vengeance,
    Lâches ! pourquoi n'ôsiés - vous pas
    Soûtenir sa préfence ?

    Vos cœurs, dans la haîne affermis,
Trouvoient - ils ces transports alors moins légiti-
mes ?
    Ne savés-vous qu'égorger des victimes ?
    Et n'ôsés-vous frapper vos ennemis ?

( *aprés un moment de filence.* )

Rougiffés d'un tranfport barbare ;

Allés: & quand pour vous le deftin fe déclare,

Par des fentimens généreux

Mérités les bienfaits des dieux.

(*Les mutins fe retirent*, & TEUCER *rentre dans le palais.*)

# SCÈNE IV.

## ANTÉNOR, ARCAS.
### ANTÉNOR.

AH ! c'en eft trop ; le tranfport qui m'a-
nime

Ne fe peut plus renfermer dans mon cœur.

Immolons mon rival , Arcas ! fers ma fureur.

### ARCAS.

Sa garde m'obéit, parlés ; votre victime

Dès cette nuit expire fous mes coups.

Vous ne répondés rien ! eh quoi balancés-vous ?

### ANTÉNOR.

Qui, moi ? l'affaffiner ! .. moi ? fouiller ma victoire !

Arcas ôferoit-il le croire ?

De Dardanus je veux la mort ;

Mais mon cœur fe doit à la gloire,
Et ne peut s'avilir par un lâche tranfport.

### ARCAS.

Renoncés donc à la vengeance,
Et même d'un rival embraffés la défenfe.

### ANTÉNOR.

En vain à mon couroux on veut le dérober ;
Sous le glaîve des loix tu le verras tomber.
Le Roi doit à mon bras la victoire & fon trône ;
Ses ferments m'ont acquis des droits fur fa couronne:
S'il trahit la juftice & l'efpoir du vainqueur,
Il verra ce que peut un amant en fureur.

### ARCAS, *à part.*

Ah ! fuivons, malgré lui, le zele qui m'infpire.

( *On entend le prélude d'une fête.* )

### ANTÉNOR.

Par des jeux folemnels on vient dans ce palais
Célébrer ce grand jour, qui fauve cet empire.
Viens ; je veux avec toi concerter mes projèts.

## SCÈNE V.

### PHRIGIENS & PHRIGIENNES.

*( Le palais s'ouvre , plufieurs cadrilles de Peuples en fortent en danfant , & viennent exprimer la joie qu'ils ont de la captivité de DARDANUS.)*

LE *CHŒUR.*

QUe l'on chante, que l'on s'emprèffe ;
Quel trïomphe ! quel jour heureux !
Qu'avec la Paix l'Amour renaiffe ;
Que tous les deux faffent fans-cèffe
Régner les plaifirs & les jeux.

*( On danfe.)*

UNE *PHRIGIENNE.*

De mirthes couronnés vos têtes ,
Les Amours rempliffent ces lieux ;
Le doux plaifir , qui regne dans nos fêtes ,
Aide au trïomphe de ces dieux.

*( On danfe.)*
UNE

## LA *PHRIGIENNE.*

Volés, Plaisirs, volés !
Amour, prête-leur tes charmes ;
Répare les allarmes
Qui nous ont troublés.
Que ton empire est doux !
Viens, viens : nous voulons tous
Sentir tes coups ;
Enchaîne-nous :
Mais
Ne lance plus que ces traits
Qui rendent contents
Les amants.

( *On danse.* )

## LE *CHŒUR.*

Chantons tous,
Un sort plus doux
Tarit nos larmes ;
O l'heureux jour !
La Paix revient dans cette cour.
Son retour
A fait cesser le bruit des armes :

E

Bellonne fuit,
Un beau jour luit :
Jeux féduifants,
Plaifirs charmants,
Venés remplir tous nos moments.

*FIN DU TROISIEME ACTE.*

# ACTE QUATRIEME.

\*\*\*\*\*\*\*\*\*\*\*\*\*\*\*\*\*\*\*\*\*\*\*\*\*\*\*\*\*\*\*\*\*

*Le Théâtre repréſente la priſon où* DARDANUS
*eſt enfermé.*

# SCÈNE PREMIERE.

*DARDANUS, ſeul.*

Lieux funeſtes, où tout reſpire
La honte & la douleur ;
Du déſeſpoir ſombre & cruël empire,
L'horreur que votre aſpect inſpire
Eſt le moindre des maux qui déchirent mon cœur.

L'objet de tant d'amour, la beauté qui m'engage,
Le ſceptre que je perds, ce prix de mes travaux,

E ij

Tout va de mon rival devenir le partage ;
Tandis que, dans les fers, je n'ai que mon courage,
  Qui suffit à peine à mes maux.

  Lieux funestes , &c.
 ( *Isménor descend dans un char brillant.* )
Quels sons mélodieux !... quelle clarté nouvelle !
O Ciel ! c'est Isménor.

# SCÊNE II.

## DARDANUS, ISMÉNOR.

Esprits *de la suite d'*Isménor.

### DARDANUS.

Ami tendre & fidele !
Vous n'oubliés donc pas un prince malheureux.

### ISMÉNOR.

Que ne puis-je adoucir vos destins rigoureux !
Mais vous avés vous-même enchaîné ma puissance.
Vos malheurs cependant ne sont pas sans retour.
Le Dieu qui fait aimer a causé votre offense ;
Des Destins irrités qu'il calme la vengeance.

J'aurois déjà pour vous réclamé fa clémence ;
Mais la voix d'un amant fléchira mieux l'Amour.

Triftes lieux , dépouillés votre horreur ténébreufe !
Efprits, qui me fervés, volés du haut des airs !
Parés de mille attraits cette demeure affreufe ;
Pour implorer l'Amour , formés de doux concerts.

( *Le théâtre s'éclaire les efprits, foûmis à* ISMÉNOR ,
*volent à fa voix & forment un divertiffement ; les murs
de la prifon font cachés par des nuages brillants.* )

ISMÉNOR, DARDANUS,

*& le* CHŒUR *des* ESPRITS.

Vole, Amour ! à nos voix hâte-toi de defcendre ;
Viens écouter nos vœux, vole dans ce féjour.
Le fort a trïomphé de l'amant le plus tendre ;
        Trïomphe du fort, à ton tour.

                        ( *On danfe.* )

( *On entend une fimphonie douce & tendre fur laquelle*
*l'*AMOUR *defcend des Cieux.* )

L'AMOUR.

L'Amour reçoit un hommage fi tendre :
A des fons fi flateurs, à ces concerts charmants
Reconnoiffés ce dieu, qui veut vous faire entendre
        Qu'il eft fenfible à vos tourments :

Le plus fidele des amants
A la voix de l'Amour ne doit pas fe méprendre.

### DARDANUS.

Ses accents de mes maux fufpendent la rigueur;
Ils enchantent mes fens, ils enlevent mon âme;
 Et l'efpoir, comme un trait de flâme,
 Penetre, avec eux, dans mon cœur.

### L' AMOUR.

Les dieux vont retirer le bras qui vous opprime;
Mais en brîfant vos fers, de la rigueur du fort
Votre liberateur deviendra la victime,
 Et votre vie eft l'arrêt de fa mort

 (L' A M O U R *remonte au Cieux.*)

### DARDANUS, à l'Amour.

Je ne fouffrirai point qu'un innocent périffe;
Non, je n'accepte pas ce fecours odïeux;
 Et je ferai plus jufte que les Dieux.

### ISMÉNOR.

Soit que le Ciel récompenfe, ou puniffe,
C'eft aux mortels d'adorer fes décrèts.
Gardons-nous d'élever des regards indifcrèts
 Jufqu'au trône de fa juftice.

Soit que le Ciel récompenfe, ou puniffe,
C'eft aux mortels d'adorer fes decrèts.

Il faut que je vous quitte, un nouveau foin m'appelle.
Efpérés ; votre fort va prendre un autre cours.

( *Le théâtre reparoît dans fon premier état.* )

# SCÉNE III.

## *DARDANUS, feul.*

PUis - je à ce prix affreux vouloir fauver mes
jours ?
Le Ciel femble infulter à ma douleur mortelle.

O toi ! qui que tu fois, dont le cœur généreux
Eft trop fenfible à mon fort déplorable,
Gardes - toi d'approcher de ces funeftes lieux ;
Fuis, abandonne un malheureux
Aux traits du deftin, qui l'accâble.

Quelqu'un porte fes pas dans ces lieux pleins d'horreur.
Dieux, fermés-en l'entrée à mon liberateur !

## SCÊNE IV.

IPHISE, DARDANUS,

*Un* GARDE, *qui porte une épée.*

### I P H I S E.

JE viens brîfer votte chaîne cruëlle.
Cette nuit même , Arcas doit vous donner la mort :
J'ai fu la trahifon, je préviens fon effort :
Partés ; fuivés les pas de ce guide fidele.

### D A R D A N U S.

Ah ! vous-même fuyés de ce féjour affreux ;
Fuyés ! un dieu vengeur habite dans ces lieux.

### I P H I S E.

Que dites-vous ? & quel trouble m'accâble !

### D A R D A N U S.

Un oracle. . . . . un arrêt du ciel impitoyable
M'ôte tout efpoir de fecours.

### I P H I S E.

Achevés.

### D A R D A N U S.

## DARDANUS.

J'en frémis ! . . . le fort inexorable
Ne veut finir mes maux qu'aux dépens de vos jours !

## IPHISE.

Eh bien , avec tranfport je vous les facrifie
Ces jours, profcrits par la rigueur du fort.

## DARDANUS.

Eft-ce donc me rendre la vie ,
Que me frapper d'un trait plus cruël que la mort ?

## IPHISE.

Ah , s'il vous femble affreux de perdre ce qu'on
aime,
Voulés-vous donc , cruël ! m'expôfer à des coups
Que vous redoutés pour vous-même ?
Me croyés-vous plus forte, ou moins tendre que
vous ?

## DARDANUS.

Vous déchirés mon cœur par cet amour extrême !

## IPHISE.

Si vous mourés, en périrai-je moins ?
Au nom de cet amour, fi tendre, fi funefte,
Laiffés-moi, pour prix de mes foins,
L'efpoir de vous fauver ; c'eft le feul qui me refte !

F

### D A R D A N U S.

Non, c'en eft trop ; il faut vous fauver, malgré vous ;
Et des dieux, fur moi feul, épuifer le couroux.
Donne ce fer !

(*Il veut arracher l'épée des mains du* G A R D E, &
*s'en frapper.* )

### I P H I S E, *lui retenant le bras.*

O Ciel ! ..

( *On entend un bruit de guerre* )

Quel bruit ! .. j'entends des armes !

### D A R D A N U S.

L'air retentit au loin des cris des combattants.

### I P H I S E.

J'écoute en frémiffant ; tout accroît mes allarmes :
Ah, cédés à mes pleurs ! profités des inftants ! ...
Votre rival paroît ... hélas ! il n'eft plus tems.

# SCENE V.

IPHISE, DARDANUS, ANTÉNOR, *bleſſé*,

*& ſuivi de quelques ſoldats;*

LE GARDE.

### ANTÉNOR.

Tes ſoldats dans nos murs ramenent le carnage...

### DARDANUS

Que ne puis-je moi-même animer leur courage

### ANTÉNOR.

Sur un complot affreux mes yeux ſe ſont ouverts ;
Et pour t'en garentir , je viens rompre tes fers.
D'un barbare ennemi, vole, préviens la rage :
  Pour t'immoler il t'attend au pâſſage;
Suis mes pas, je te veux ſauver de ſes fureurs...
Mais mon eſpoir eſt vain... je m'affoiblis... je meurs.

( *On emporte* ANTÉNOR.)

DARDANUS, *prenant l'épée des mains du* GARDE.

Ce ne ſont plus vos jours que l'oracle menace :
Mon ſort ne dépend plus que de ma ſeule audace.

*I P H I S E.*

Ah, quel effroi nouveau pour mes fens éperdus !
Quel péril !

*D A R D A N U S.*

Revenés de ces frayeurs extrêmes :
Leurs complots odieux vont tomber fur eux-mêmes.
Des traîtres, qu'on prévient, font à demi vaincus.

(*Il fort.*)

*I P H I S E.*

Arrêtés !... mais il fuit ; il ne m'écoute plus.
Ciel ! quel fera fon fort ? je friffonne ! je tremble !...
Je prévois & je fens tous les malheurs enfemble.

## FIN DU QUATRIEME ACTE.

( *On entend pendant l'Entre-acte, le bruit*
*d'un combat.* )

# ACTE CINQUIEME.

✳ ✳✳✳✳✳✳✳✳✳✳✳✳✳✳✳✳✳✳✳✳✳

*Le Théâtre repréfente une partie antérieure du Palais de TEUCER.*

# SCÈNE PREMIERE.

### *I P H I S E, feule.*

Ciel ! quelle horreur règne de toutes parts !
La victoire & la mort renverfent nos remparts.

Dieux, que pour Dardanus imploroient mes allarmes,
Vous n'avés donc changé que l'objet de mes larmes !
Peut-être en ce moment, fous le fer inhumain,
Mon pere... j'en frémis!... je connois fon courage ;
Sans-doute il voit finir fon malheureux deftin.
Ciel, daigne détourner cet horrible préfage !

## SCÊNE II.

### D A R D A N U S, I P H I S E.

#### D A R D A N U S.

BElle princeſſe, enfin, pour arriver à vous,
   La victoire m'ouvre un pâſſage.

#### I P H I S E.

Ah! c'en eſt fait !.. mon pere expire ſous vos coups.

#### D A R D A N U S.

Nos traits l'ont reſpecté dans l'horreur du carnage ;
Et ce ſang précïeux ne ſouille point l'hommage
   Que vient vous offrir mon amour.

#### I P H I S E.

Arrêtés, connoiſſés tout mon cœur en ce jour.

Quand j'ai voulu brîſer votre chaîne cruëlle,
   J'ai cru pouvoir, ſans être criminelle,
D'un amour, ſans eſpoir, calmer le juſte effroi ;
Vos périls ſont pâſſés ; mon devoir me rappelle :
Je vous ſauvois pour vous, prince ; & non pas pour
   moi.

# SCÈNE III.

IPHISE, DARDANUS, TEUCER

*environné de soldats, qui lui arrachent son
épée, dont il vouloit se percer.*

### TEUCER, *aux soldats.*

QUels odïeux secours! cessés, troupe inhumaine !
Laissés-moi m'affranchir de l'opprobre des fers.

(*à DARDANUS.*)

Tu portes à l'excès ton audace & ta haîne ;
On me force de vivre, à tes yeux on m'entraîne :
Poursuis, vainqueur superbe ! insulte à mes revers.
J'aime ce vain orgueil, qui souille ta victoire.
Tu partages, du-moins, par l'abus de ta gloire,
L'opprobre humilïant dont tu nous as couverts.

### DARDANUS.

Connoissés mieux un cœur qui vous admire.
Régnés, & reprenés le pouvoir souverain.

Si vous daignés le tenir de ma main,
Je serai plus heureux qu'en possedant l'empire.

### TEUCER.

Non, tu crois m'éblouïr ; mais je vois ton dessein :
L'amour me fait des dons, & l'orgueil me pardonne ;

Ta générosité vend les biens qu'elle donne :
Mais rien ne changera ton fort , ni mon deftin.
Garde tes vains préfents ; ta main les empoifonne...
Il en eft cependant que j'attendrois de toi.

### D A R D A N U S.

Ordonnés , exigés ; vous pouvés tout fur moi.

### T E U C E R.

De tout ce qu'en ce jour m'enleve ta victoire,
Mon cœur n'a regretté que ma fille & ma gloire ;
Mais tu peux réparer ces triftes coups du fort :
Rends la princeffe libre , & me permèts la mort.

### I P H I S E.

Dieux , daignés détourner l'horreur qui fe prépare !

### D A R D A N U S.

Rien ne peut vous fléchir, je le vois trop, barbare !
Plus féroce que grand , votre cœur indomté,
　　Prend fa haîne pour du courage,
　　Et fa fureur pour de la fermeté.
　Iphife eft libre & l'a toûjours été ;
Pour vous, prenés ce fer...
( *Il préfente fon épée à* T E U C E R, *mais il ne la lui
abandonne qu'au dernier vers.* )

　　　　　　　　mais j'en prefcris l'ufage ;
　　　　　　　　　　　Songés

Songés fous quelles loix il vous eft préfenté:
Frappés! votre ennemi fe livre à votre rage.

### TEUCER.

Jufte Ciel!

### IPHISE.

Arrêtés!...

### DARDANUS, à TEUCER.

Qu'au gré de vos fureurs,
Dans mon fang malheureux votre injure s'efface ;
Frappés ! en vous vengeant, vos coups me feront
grâce.

### TEUCER.

Que fais-tu ?

### IPHISE.

Serés-vous infenfible à mes pleurs.

### TEUCER.

Ma fille , c'en eft trop ; il faut enfin fe rendre.
Dardanus eft donc fait pour triompher toûjours !
Je rougis feulement d'avoir pu me défendre.

### IPHISE & DARDANUS.

Vous affûrés le bonheur de nos jours.

(*Simphonie gracieufe.*)

G

D A R D A N U S;

## *T E U C E R.*

Mais quels concerts fe font entendre ?

## *I P H I S E.*

Un jour plus pur embellit l'Univers.

## *D A R D A N U S.*

Je vois les doux Plaifirs faire éclore & répandre
Mille nouvelles fleurs, qui parfument les airs.

( *Le théâtre change, & repréfente un temple de l'* AMOUR.)

❁❁❁❁❁❁❁❁❁❁❁:❁❁❁❁❁❁❁❁❁❁

# SCÈNE DERNIERE.

VÉNUS *defcend dans une gloire,* les AMOURS
& les PLAISIRS *l'accompagnent* ; les ACTEURS
PRÉCÉDENTS ; PHRIGIENS & PHRIGIENNES.

## *V É N U S.*

POur célébrer les feux d'un fils qu'il aime ,
Le Souverain des dieux m'appelle en ces climats;
Empreffé de fuivre mes pas ,
L'Himen vole avec moi , conduit par l'Amour
même.

Plaifirs, chantés ce jour heureux :
L'Amour remporte la victoire.

Peuples, mêlés-vous à leurs jeux:
Chantés, célébrés la gloire
Du plus charmant des Dieux.

(*On danse.*)

## LE CHŒUR.

Par tes bienfaits fignale ta victoire,
Trïomphe, tendre Amour !
Fais regner, à-jamais, les Plaifirs dans ta cour:
Par tes bienfaits fignale ta victoire.

(*On danse.*)

## IPHISE.

L'Amour, le feul Amour eft le charme des cœurs.
Au roi le plus puiffant que fervent les grandeurs?
A vivre auffi content un berger peut prétendre:
Et, fi pour l'un des deux le ciel s'eft déclaré,
Celui qu'il a formé plus fenfible & plus tendre
Eft celui qu'il a préféré.

(*On danse.*)

## DARDANUS.

Volés, formés ici les fêtes les plus belles,
Doux Plaifirs, trïomphés, célébrés ce beau jour;
Enchaînés, pour-jamais, les Ris dans ce féjour;
Careffés l'Himen de vos ailes;

Parés son front de ces fleurs immortelles
Dont vos mains couronnent l'Amour.

( *Un Divertissement général termine l'Opera.* )

F I N.

---

# APPROBATION.

J'Ai lu, par ordre de Monseigneur le Vice-Chancelier, cette réimpression de D*ARDANUS*, Poeme, dont les nombreuses représentations ont été unanimement applaudies. A Versailles, ce dix Janvier 1768.

DE MONCRIF.

Imprimé en France
FROC021216220120
23240FR00018B/415/P